Impressum
Verlag: BABADADA GmbH, Nedderfeld 112 , 22529 Hamburg
Geschäftsführer / Verlagsleitung: Harald Hof
Druck: Books on Demand GmbH, In de Tarpen 42, 22848 Norderstedt

Imprint
Publisher: BABADADA GmbH, Nedderfeld 112 , 22529 Hamburg, Germany
Managing Director / Publishing direction: Harald Hof
Print: Books on Demand GmbH, In de Tarpen 42, 22848 Norderstedt, Germany

школа
duɗal

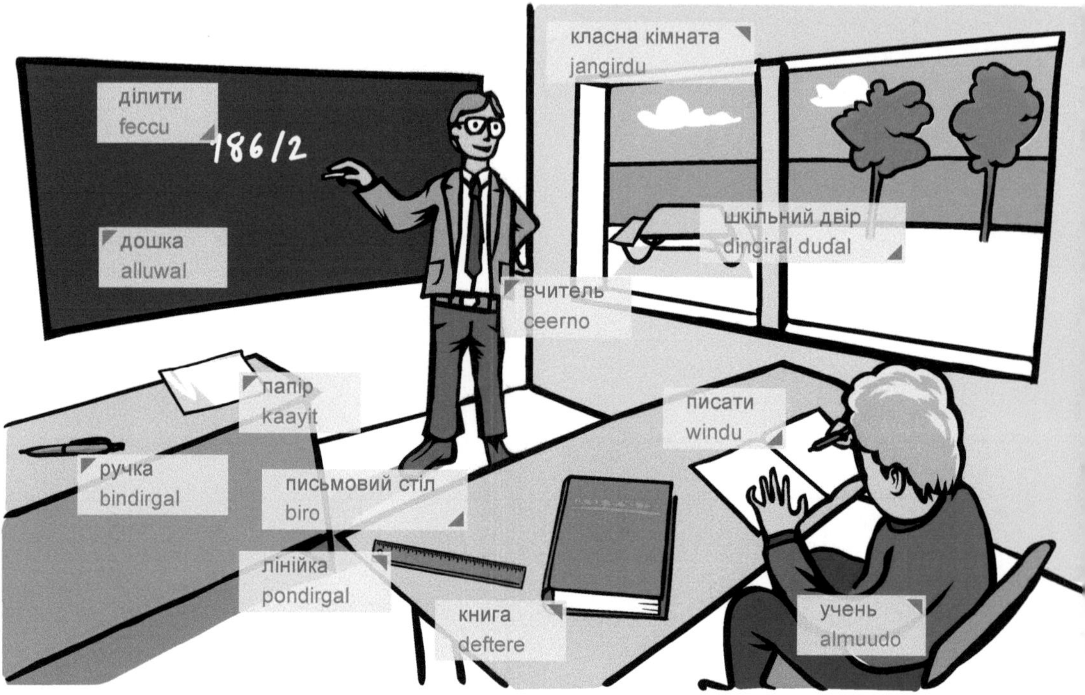

класна кімната
jangirdu
ділити
feccu
186/2
дошка
alluwal
шкільний двір
dingiral duɗal
вчитель
ceerno
папір
kaayit
писати
windu
ручка
bindirgal
письмовий стіл
biro
лінійка
pondirgal
книга
deftere
учень
almuudo

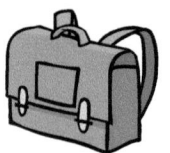

ранець

sakosel

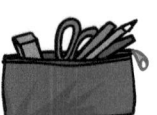

пенал

suudu kuɗol

олівець

kuɗol

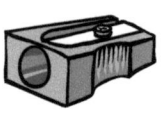

точило

ceeɓnoowo kuɗol

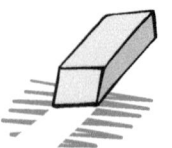

гумка

momtirgal

альбом для малювання

nokku diidirɗo

малюнок

diidgol

пензель

diidirgal

коробка фарб

suudu diidordu

ножиці

sisooje

клей

kol

зошит

deftere softinorde

домашнє завдання

coftinogol

число

tongoode

додавати

ɓeydu

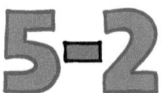

віднімати

ustu

множити

hebbin

рахувати

lim

літера

bataake

абетка

hijju

слово

kongol

текст

windande

читати

jangu

крейда

bindirgal

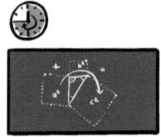

година

darsu

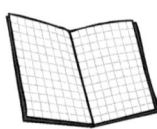

класний журнал

windaade

екзамен

ÿeewtogol

диплом

ijaazi

шкільна форма

wutte jaŋirɗo

освіта

jaŋde

лексикон

ɗowitorde mawnde

університет

jaabi haatirde

мікроскоп

mokoroskop

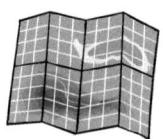

карта

wertaango

кошик для паперу

siwo mbalis

подорож
ɗannaade

готель
otel
Grand
турбаза
hoɗirdu
ROOMS
обмінний пункт
nokku beccirɗo
CHANGE
валіза
woliis
автомобіль
oto

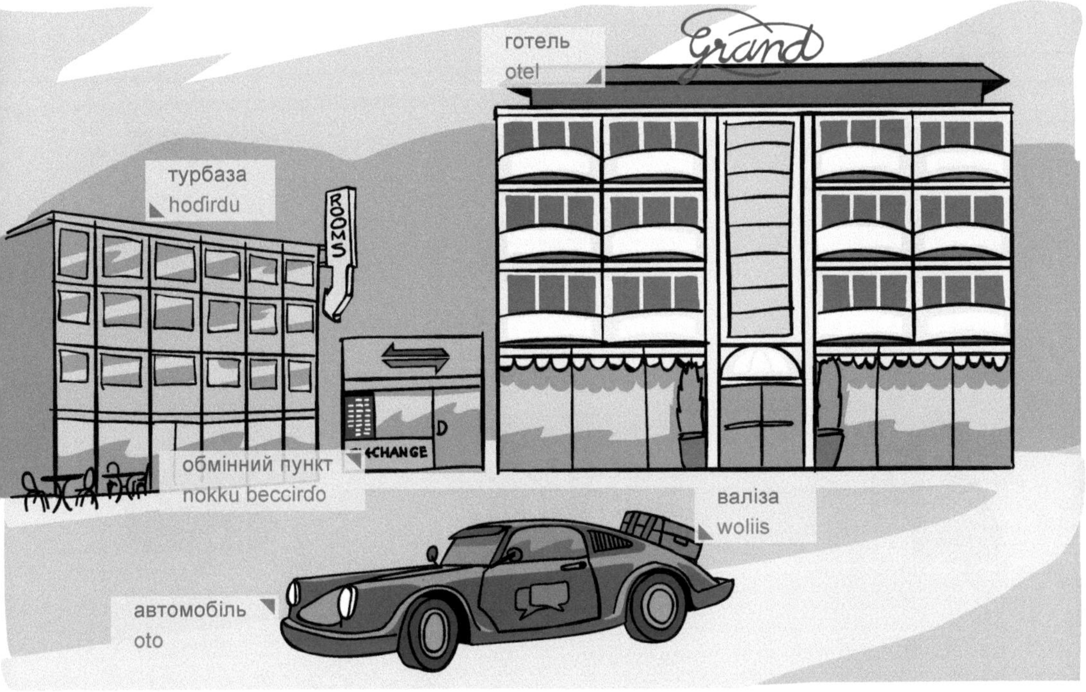

мова

ɗemngal

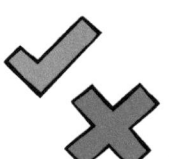

так / ні

ey / ala

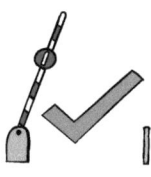

добре

Eyyo

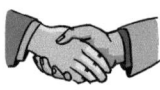

привіт

mbaɗɗa

перекладач

pirtoowo

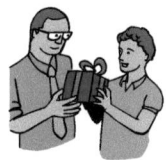

дякую

jaraama

Скільки коштує ...?

hono foti...?

Я не розумію

mi faamaani

проблема

satteende

Добрий вечір!

jam hiiri

Доброго ранку!

jam waali

На добраніч!

jam waal

До побачення

baay baay

напрямок

ngardiindi

багаж

kaake

сумка

saak

рюкзак

saak bakke

гість

koɗo

кімната

suudu

спальний мішок

saak ɗaanorɗo

намет

taanta

туристична інформація

kabaaru jillotooɗo

пляж

palaaz

кредитна картка

kartal keredii

сніданок

kasitaari

обід

bottaari

вечеря

hiraande

квиток

tikkett

ліфт

suutde

поштова марка

tembere

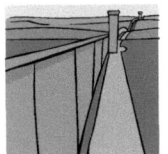

межа

keerol

митниця

soodooɓe

посольство

ambasaat

віза

wiisa

паспорт

paaspoor

подорож - ɗannaade

транспорт

yangarta

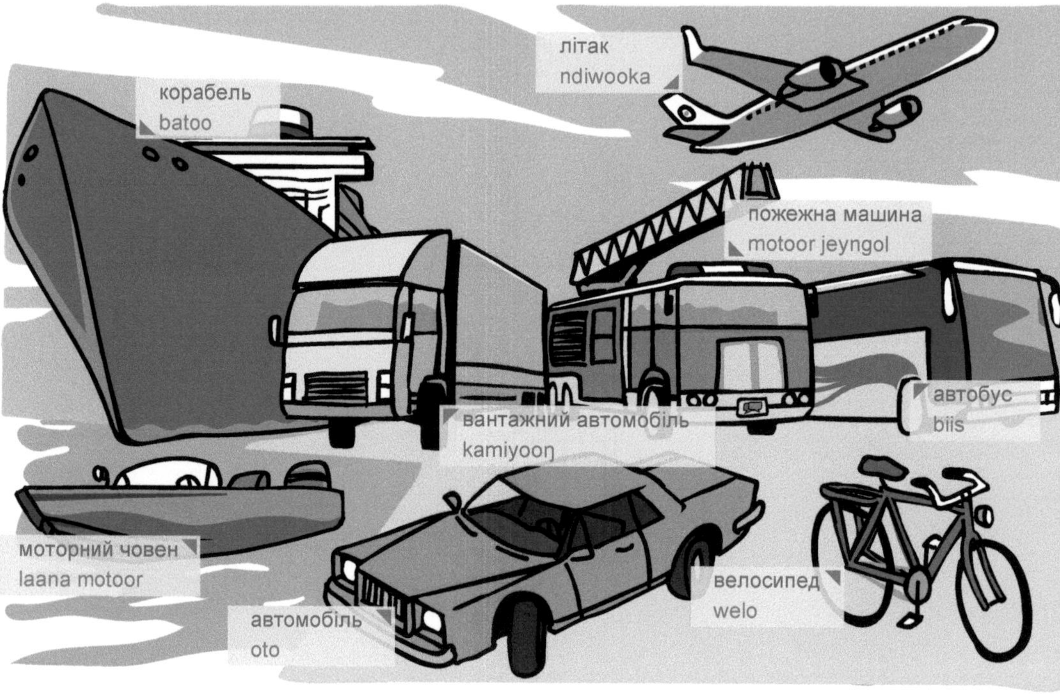

корабель
batoo
літак
ndiwooka
пожежна машина
motoor jeyngol
автобус
biis
вантажний автомобіль
kamiyooŋ
моторний човен
laana motoor
велосипед
welo
автомобіль
oto

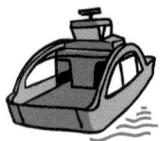

пором
baak

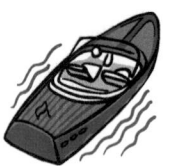

човен
laana

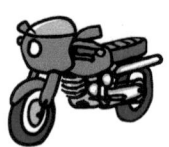

мотоцикл
welo motoor

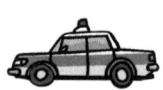

поліцейська машина
oto poliis

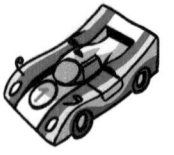

гоночний автомобіль
oto dandu

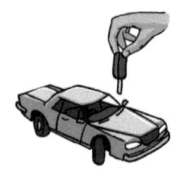

автомобіль на прокат
otoluwaaɗo

спільне користування авто

rendude oto

евакуатор

leŋge

сміттєвоз

kamiyooŋ salo

двигун

moto

паливо

gaas

автозаправна станція

esaaseer

дорожній знак

maantorde tali

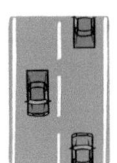

рух

tali

затор

bittugol tali

стоянка

darnirde oto

вокзал

dartorde teree

рейки

laabi

потяг

teree

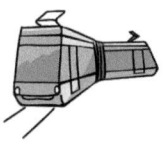

трамвай

taraam

вагон

nawgol

гелікоптер

elikooteer

аеропорт

aydapoor

вежа

hubeere

пасажир

jahoowo

контейнер

kontaneer

коробка

kees

візок

saret

кошик

siwo

стартувати / приземлятися

diw / tello

місто

wuro

село

saare

центр міста

hakkunde wuro

дім

galle

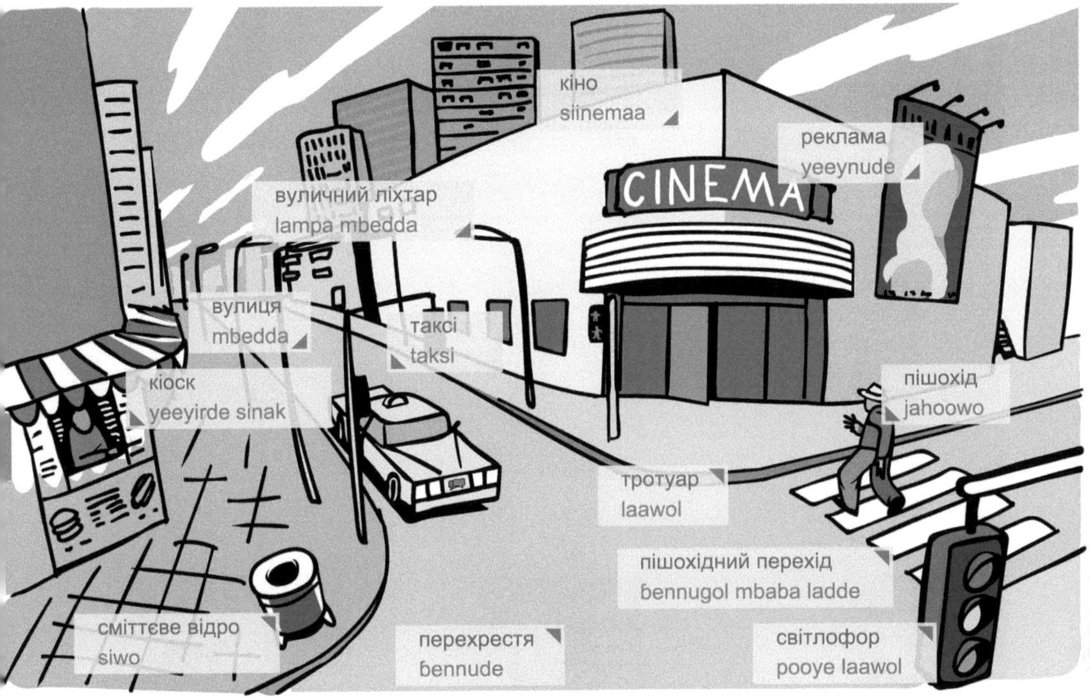

кіно
siinemaa
реклама
yeeynude
CINEMA
вуличний ліхтар
lampa mbedda
вулиця
mbedda
таксі
taksi
кіоск
yeeyirde sinak
пішохід
jahoowo
тротуар
laawol
пішохідний перехід
ɓennugol mbaba ladde
сміттєве відро
siwo
перехрестя
ɓennude
світлофор
pooye laawol

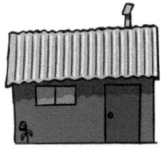

хатина

tiba

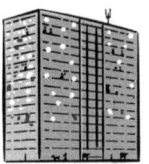

квартира

hoɗorde

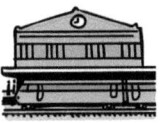

вокзал

dartorde teree

ратуша

meeri

MUSEUM

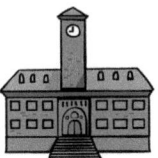

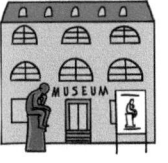

музей

miise

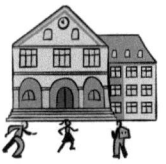

школа

duɗal

університет

jaabi haatirde

банк

banke

лікарня

safrirdu

готель

otel

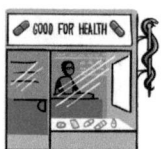

аптека

farmasii

офіс

gollorde

книжковий магазин

yeeyirde defte

магазин

yeeyirde

квітковий магазин

mo nehoowo leɗɗe

супермаркет

duggere

ринок

jeere

універмаг

yeeyirde diiwaan

торговець рибою

mo gawoowo

торговельний центр

nokku njeeygu

гавань

telloorde

парк

parka

лава

jooɗorde

міст

pooŋ

сходи

ŋabbirɗe

метро

les leydi

тунель

laawol les

автобусна зупинка

dartorde biis

бар

baar

ресторан

restoraaŋ

поштова скринька

suudu posto

вулична табличка

maantorde mbedda

лічильник паркування

meetorde parka

зоопарк

nehirde kulle

басейн

pisiin

мечеть

jumaa

ферма

ngesa

забруднення навколишнього середовища

bonande

кладовище

genaale

церква

ekiliis

дитячий майданчик

dingiral

храм

tempele

ландшафт

satto

листок
ɗerewol

вказівний стовп
maantogal

шлях
laawol

луг
paraad

камінь
haayre

дерево
lekki

мандрівник
diwoowo

річка
caangol

трава
huɗo

квітка
baramlefol

долина

fongo

гора

tiwaande

озеро

weendu

ліс

dundu

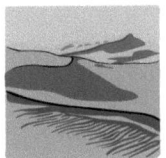

пустеля

ladde

вулкан

wolkaaŋ

замок

hoɗorde

веселка

timtimol

гриб

wiiduru gaynaako

пальма

lekki koko

комар

ɓongu

муха

diw

мурашка

ñuuñu

бджола

ñaaku

павук

njabala

жук

karaab

жаба

paaɓa

вивірка

jiire

їжак

nguru paaɓa

заєць

wojere

сова

hooweere

птах

ndiwri

лебідь

kankaleewal

кабан

fowru

олень

lella

лось

kooba

гребля

baaraas

вітряк

seɗa hendu

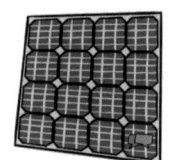

сонячний модуль

mbeɗu naange

клімат

kilimaaŋ

ресторан

restoraaŋ

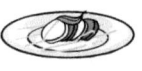

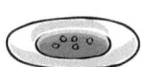

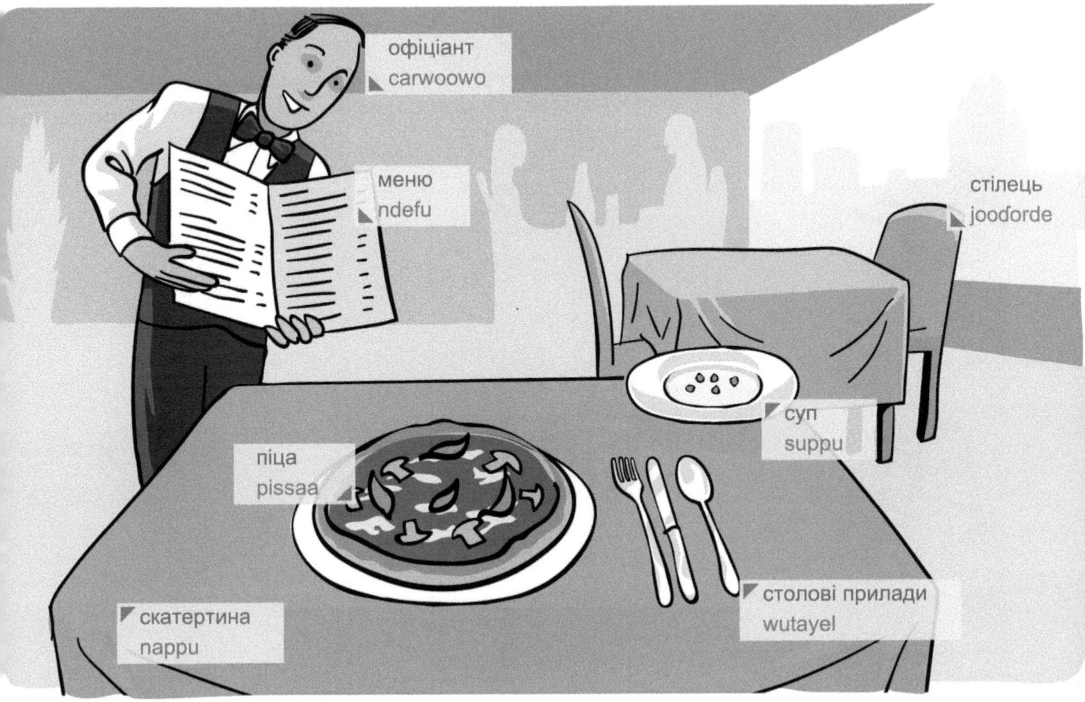
офіціант
carwoowo
меню
ndefu
стілець
jooɗorde
суп
suppu
піца
pissaa
скатертина
nappu
столові прилади
wutayel

закуска

puɗɗorɗo

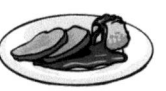

друга страва

barme mawɗo

десерт

deseer

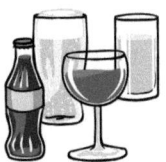

напої

njarameeje

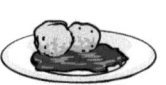

їжа

ñamri

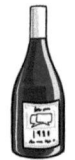

пляшка

bitel

фаст-фуд

fastfuut

вулична їжа

ñaamde mbedda

чайник

pot ataaya

цукорниця

taasa suukara

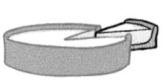

порція

geɗal

еспресо-машина

masiŋ esperesoo

високий стільчик

jooɗorde toownde

рахунок

faktiir

піднос

terey

ніж

paaka

вилка

fursett

ложка

kuddu

чайна ложка

kuddu ataaya

серветка

torsooŋ

склянка

weer

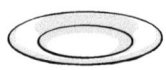

тарілка

palaat

тарілка для супу

palaat suppu

блюдце

coosoowo

соус

soos

солонка

pot lamďam

млин для перцю

poobaar

оцет

wineegar

масло

diwliin

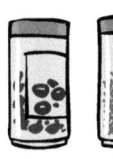

спеції

kaaniije

кетчуп

ketsoop

гірчиця

mutaarde

майонез

maynees

супермаркет

duggere

пропозиція
dokkal teentungal
FOR
клієнт
coodoowo
молочні продукти
deftel
фрукти
ɓingel leggal
візок для покупок
saret

BUTCHERS

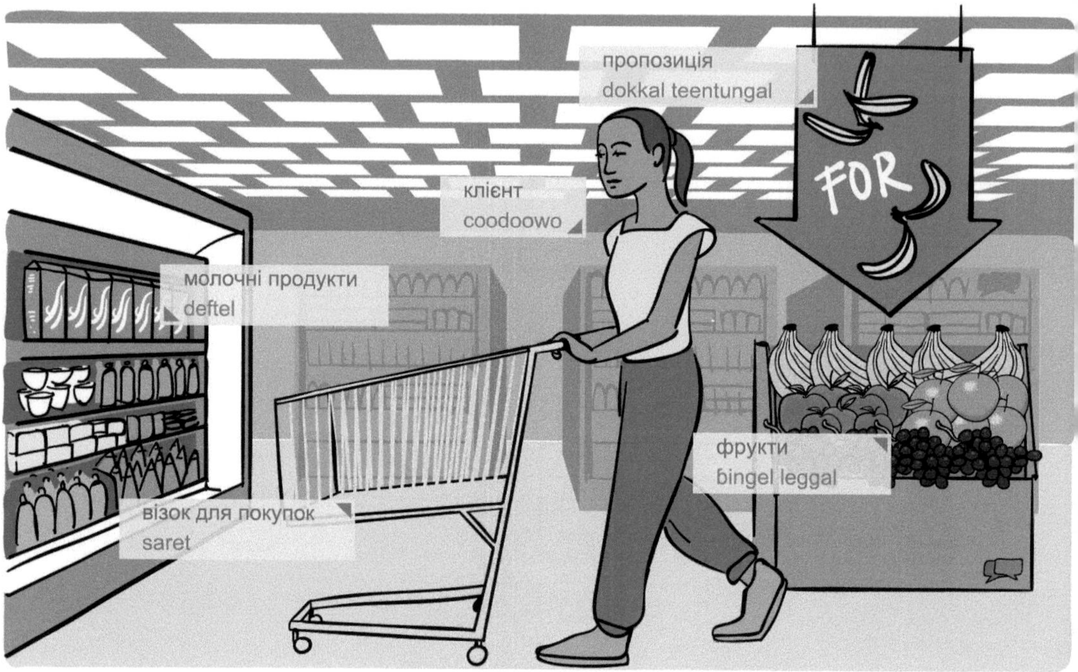

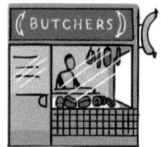

м'ясний магазин

mo jeeyoowo teewu

BAKERY

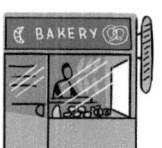

пекарня

mo piyoowo mburu

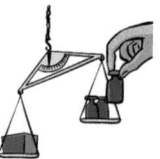

зважувати

ɓett

овочі

ɓiɓe leɗɗe

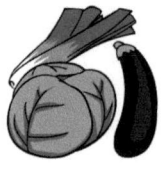

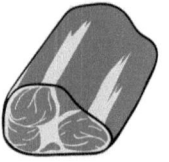

м'ясо

teewu

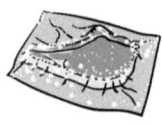

заморожені продукти

ñamri fendiindi

ковбасна нарізка

teewu buubngu

консерви

ñamri

пральний порошок

omo

солодощи

tangaleeji

предмети домашнього
побуту

geɗe galle

мийний засіб

geɗe labbinooje

продавщиця

jeeyoowo

каса

hippoode

касир

ngaluyanke

список покупок

limo soodetee

часи роботи

waktuuji gudditeeɗi

гаманець

kalbe

кредитна картка

kartal keredii

сумка

saak

поліетиленовий пакет

saak dalli

вода

ndiyam

сік

sii

молоко

kosam

кола

Koowk

вино

sangara

пиво

sangara

алкоголь

alkol

какао

koka

чай

ataaya

кава

kafe

еспресо

esperesoo

капучіно

kaputsiino

банан

banaana

яблуко

pomere

апельсин

oraaŋs

кавун

dende

лимон

limoŋ

морква

karott

часник

laac

бамбук

bambuu

цибуля

soblere

гриб

wiiduru gaynako

горішки

gerte

локшина

kodde

спагеті

espaketii

рис

maaro

салат

solaat

картопля фрі

sipse

смажена картопля

padaas pasnaaɗo

піца

pissaa

гамбургер

amburgoor

бутерброд

sandiis

шніцель

tayre

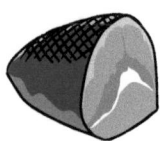

шинка

heltinde

салямі

salaami

ковбаса

soosiis

курка

gertogal

печеня

juɗe

риба

liingu

вівсяні пластівці

karaw

мюслі

miyesli

кукурудзяні пластівці

butaali makka

борошно

cafka

круасан

koraasaŋ

булочка

loocol mburu

хліб

mburu

тостовий хліб

mburu

печиво

mbiskit

масло

boor

сир

caakri

пиріг

ngato

яйце

boofoode

яєчня

bofoode defaaɗo

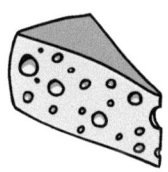

сир

formaas

морозиво

kerem galaas

цукор

suukara

мармелад

piire

нуга-крем

soosde sokola

карі

kiri

мед

njuumri

ферма

ngesa

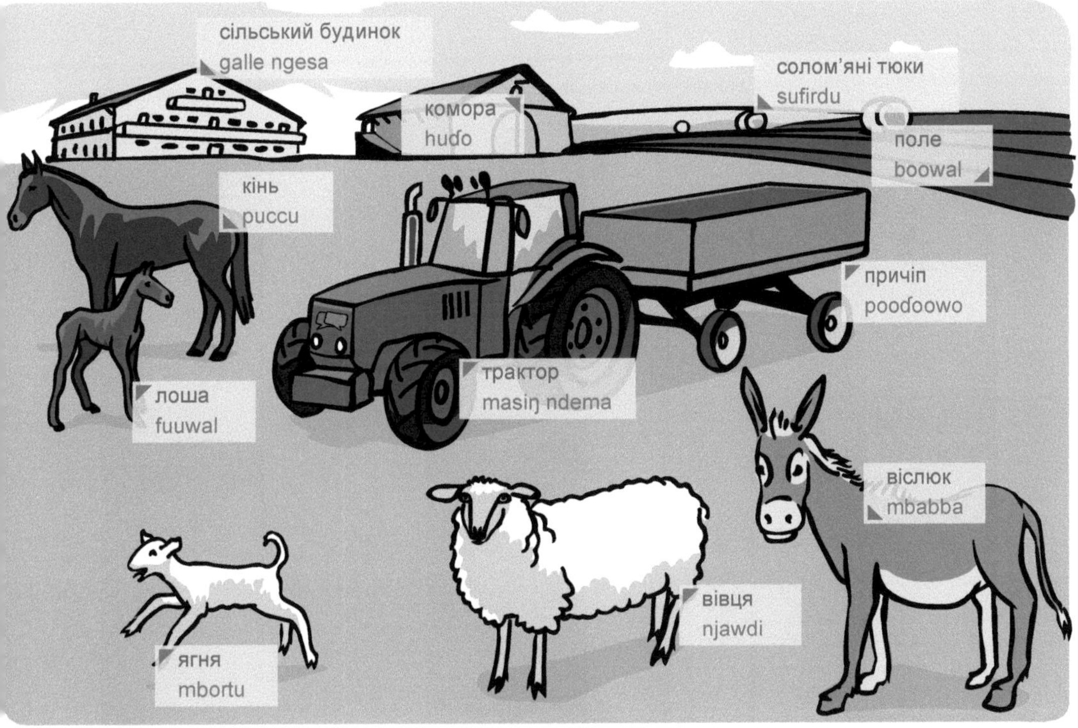
сільський будинок
galle ngesa
комора
huɗo
солом'яні тюки
sufirdu
поле
boowal
кінь
puccu
причіп
pooɗoowo
трактор
masiŋ ndema
лоша
fuuwal
віслюк
mbabba
вівця
njawdi
ягня
mbortu

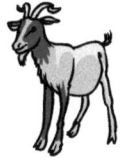

коза

ndamndi

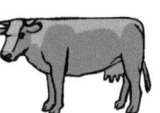

корова

ngaari

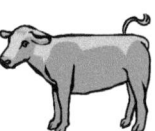

теля

ñale

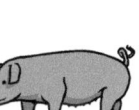

свиня

mbaba tugal

порося

ɓingel tugal

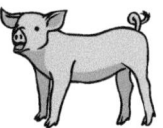

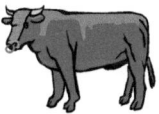

бик

ngaari

гусак

jaawalal

качка

jaawangal

курча

gertogal

курка

jarlal

півень

ngori

щур

doombru

кіт

ulluundu

миша

dombru

віл

ngaari

собака

rawaandu

собача будка

suudu rawaandu

садовий шланг

lekki werte

лійка

bitel ndiyam

коса

jalo

плуг

jabbude

серп

wafdu

мотика

caga

вила

furset yettirɗo

сокира

jambere

тачка

burwett

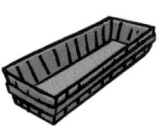

корито

jardugal

бідон молока

bitel kosam

мішок

bonnude

паркан

heerorde

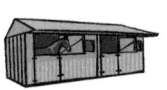

хлів

dari

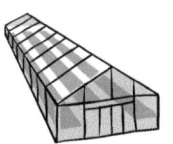

теплиця

resofmaaŋ

ґрунт

leydi

насіння

aawdi

добриво

engere

комбайн

rendin coňoowo

пожинати

soñ

урожай

coñal

корінь ямсу

ñambi

пшениця

ndiyamiri

соя

soozaa

картопля

padaas

кукурудза

makka

ріпак

aawdi adan

плодове дерево

lekki ɓesnooki

маніок

kasaawa

злаки

gawri

дім
galle

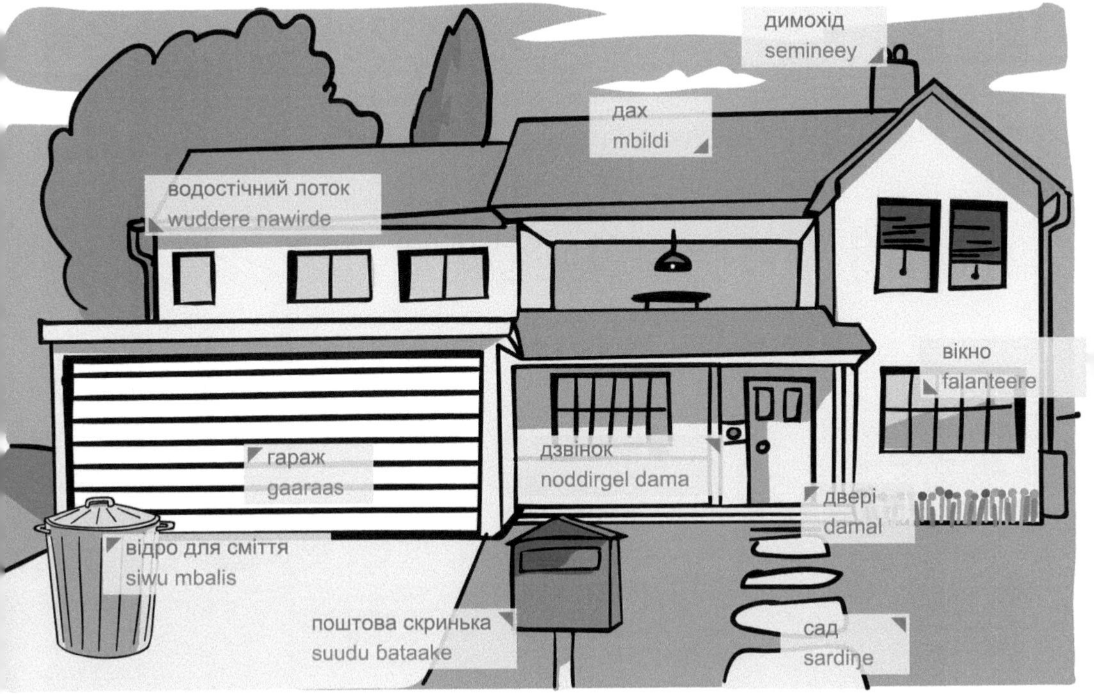

димохід
semineey
дах
mbildi
водостічний лоток
wuddere nawirde
вікно
falanteere
гараж
gaaraas
дзвінок
noddirgel dama
двері
damal
відро для сміття
siwu mbalis
поштова скринька
suudu ɓataake
сад
sardiŋe

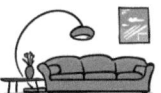

вітальня

saal

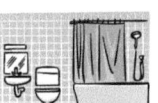

ванна кімната

lootorde

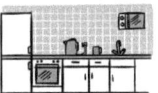

кухня

waañ

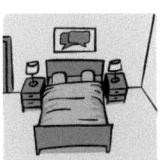

спальня

suudu lelteendu

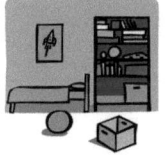

дитяча кімната

suudu suka

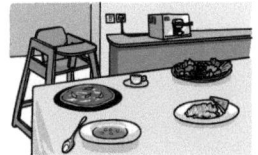

їдальня

suudu hirtordu

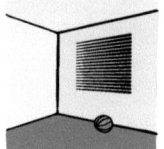

підлога

leydi

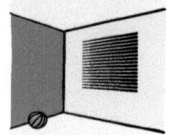

стіна

miir

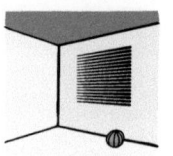

стеля

dira

підвал

masiŋel

сауна

soona

балкон

balkooŋ

тераса

teeraas

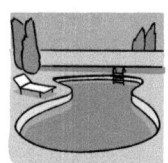

басейн

pisin

косарка

tondoos

простирало

kaayit

ковдра

mbertanteeri

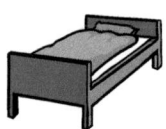

ліжко

lelnde

мітла

pittirɗe

відро

siwoo

перемикач

waylu

вітальня

saal

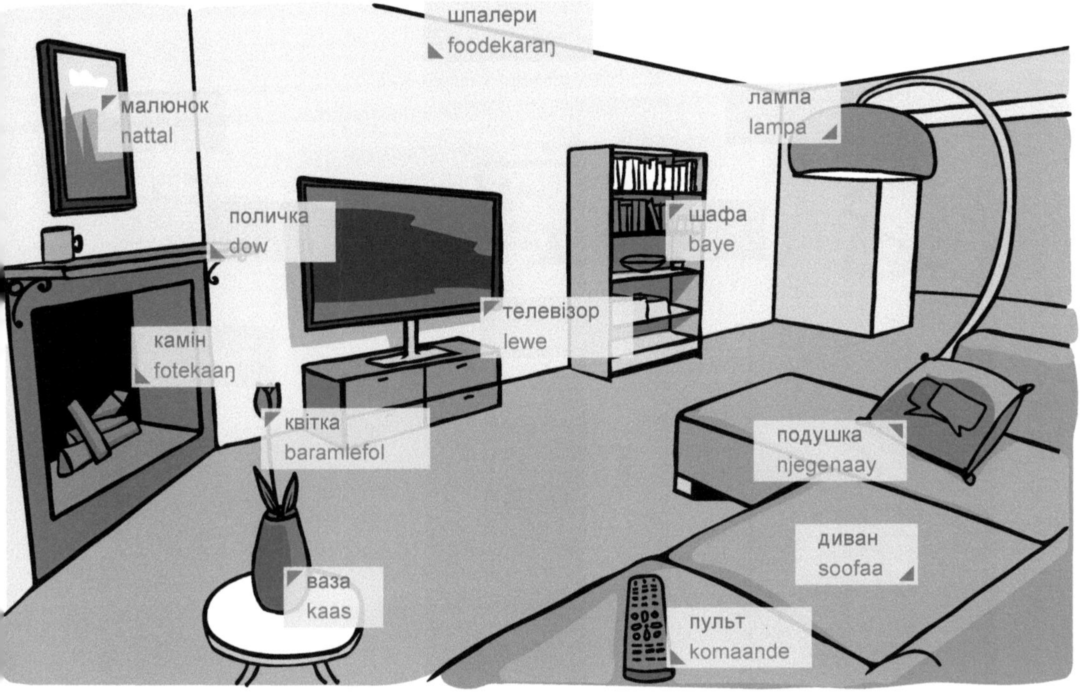
шпалери
foodekaraŋ
малюнок
nattal
лампа
lampa
поличка
dow
шафа
baye
телевізор
lewe
камін
fotekaaŋ
квітка
baramlefol
подушка
njegenaay
диван
soofaa
ваза
kaas
пульт
komaande

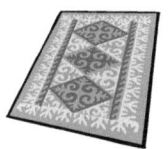

килим

tappi

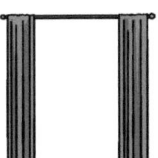

завіса

rido

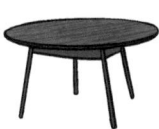

стіл

taabal

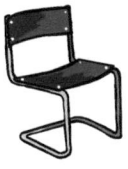

стілець

jooɗorde

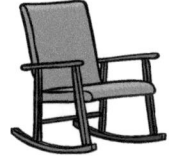

крісло-гойдалка

jooɗorde timmunde

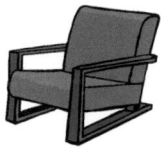

крісло

tuggorde

книга
deftere

ковдра
suddaare

прикраса
cinki

дрова
docotal

фільм
filmo

стереосистема
kuutorɗe hi-fi

ключ
caabi

газета
jaaynde

картина
pentiirde

плакат
posteer

радіо
haalirde

блокнот
deftel mooftirgel

пилосос
ŋabbude

кактус
siwo lekki

свічка
sondel

кухня
waañ

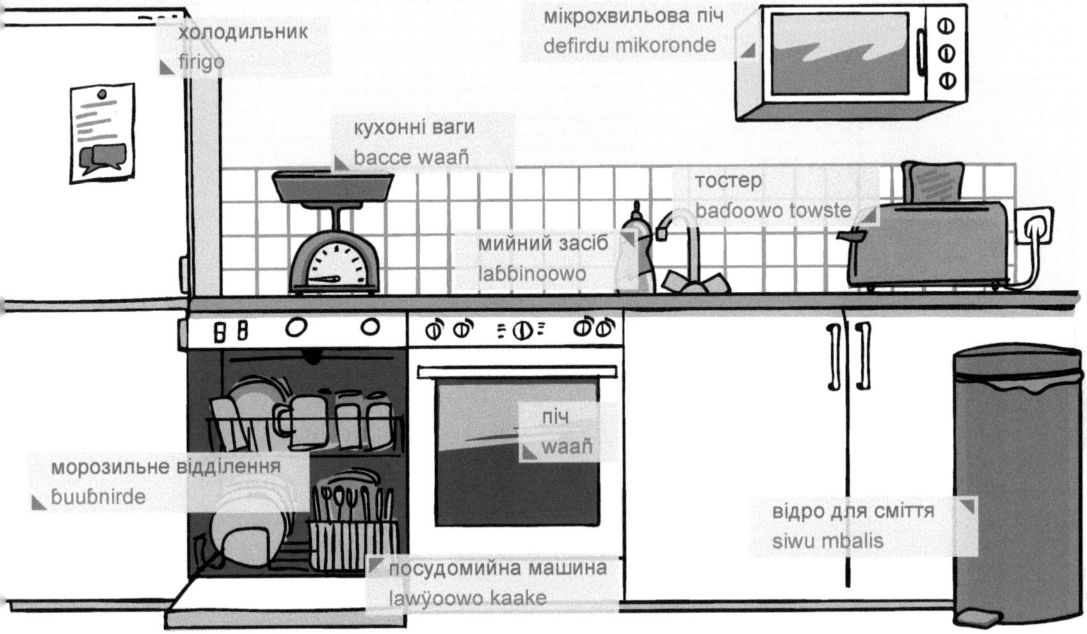
холодильник
firigo
мікрохвильова піч
defirdu mikoronde
кухонні ваги
bacce waañ
тостер
baɗoowo towste
мийний засіб
laɓɓinoowo
піч
waañ
морозильне відділення
ɓuuɓnirde
відро для сміття
siwu mbalis
посудомийна машина
lawÿoowo kaake

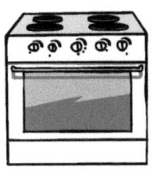

плита

defoowo

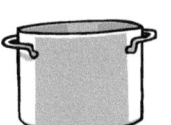

горщик

pot

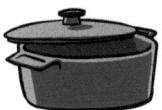

чавунний горщик

pot baɗɗo njamdi

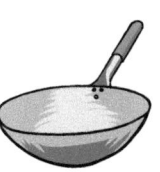

вок / кадай

lehel

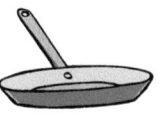

сковорода

lahal

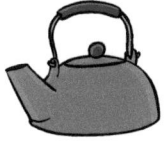

чайник

baraade

пароварка

gulnoowo

лист

fuur cumirɗo

посуд

wiisirde

кухоль

kaas

чаша

taasa

палички для їжі

bakett

черпак

heɗirde

лопатка

kuundal

вінчик для збивання

burgal

сито

gulnirɗo

сито

pool

терка

koosoowo

ступка

wowru

барбекю

njuɗu

багаття

lewlewndu

дошка

alluwal tayirgal

качалка

dullirgal

штопор

tenaay

конзерва

potyel

відкривачка

udditirɗo potyel

прихватки

jaggoowo pot

раковина

lawÿirde

щітка

borisde

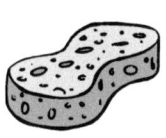

губка

epoos

міксер

jiiɓoowo

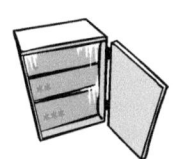

морозильна камера

firigo juutɗo

дитяча пляшка

bitel tiggu

кран

robine

ванна кімната

lootorde

опалення
wulnude
рушник
sarbet
душ
ɓuftogol
душова завіса
rido ɓuftorde
піниста ванна
sumbu lootorɗo
ванна
nokku lootorɗo
склянка
weer
пральна машина
masiŋ guppirɗo
кран
robine
плитка
biifi
горшок
woppirde
раковина
lawŷirde

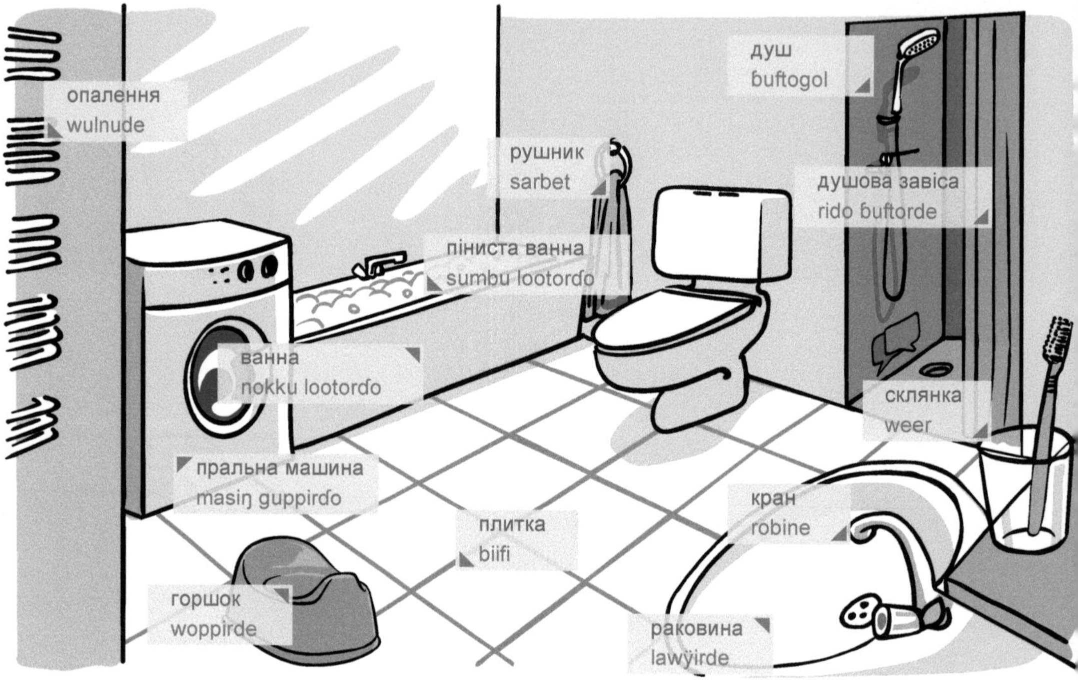

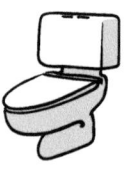

туалет
heblorde

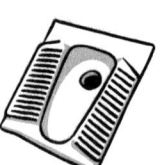

підлоговий туалет
yaltirde les

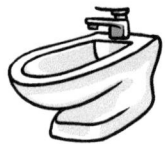

біде
yaltirde

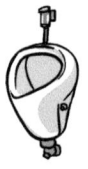

пісуар
soofirde

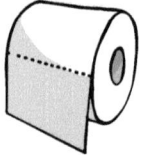

туалетний папір
kaayit heblorde

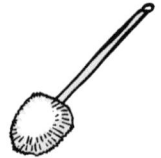

щітка для туалету
boros heblorde

зубна щітка

boros ñiiÿe

зубна паста

pat cocordo

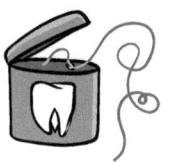

нитка для чищення зубів

cocorgal

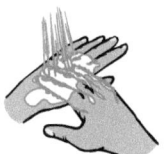

мити

lawyu

ручний душ

buftorde jungo

інтимний душ

jampe

таз

taasa

щітка для спини

boros keeci

мило

saabunde

гель для душу

nebam buftorde

шампунь

sampoye

мочалка

lootogel

водостік

yupude

крем

mileen

дезодорант

lati

дзеркало

daarogal

косметичне дзеркало

daarogal jungo

бритва

rasuwaar

піна для гоління

sumbu pemborɗo

лосьйон після гоління

lallitirde

гребінь

koomu

щітка

boros

фен

yoorno hoore

лак для волосся

uurna hoore

косметика

makiyaas

губна помада

lippo

лак для нігтів

emaaye segene

вата

wiro

ножиці для нігтів

sisooje segene

парфум

parfooŋ

косметичка

saawdu lawyirdu

табурет

kuudi

ваги

bacce ɓetirde

халат

wutte lootorɗo

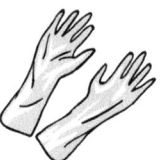

гумові рукавички

kawaseeje dalli

тампон

tampooŋ

гігієнічні прокладки

sarbet laɓɓinoorɗo

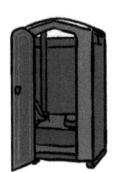

біотуалет

lootogol cellungol

дитяча кімната

suudu suka

будильник
mantoor pindinoowo
м'яка іграшка
pijirgel ɗaatngel
іграшковий автомобіль
oto fijirde
брязкальце
rekeet
ляльковий будиночок
suudu puppe
подарунок
tawa

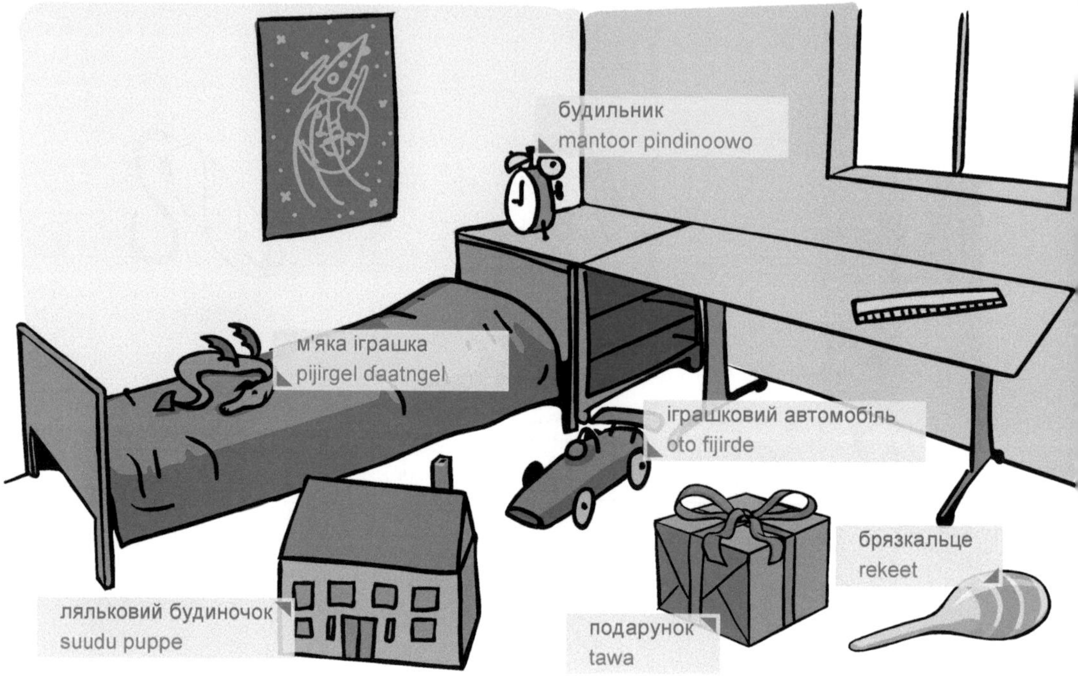

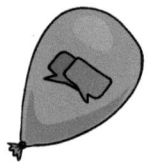

повітряна кулька

balooŋ

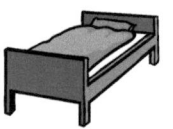

ліжко

lelnde

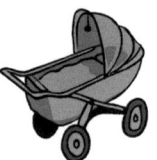

дитячий візок

puus puus

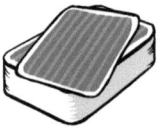

картярська гра

taabal karte

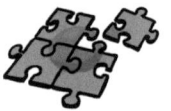

пазл

juwirgal

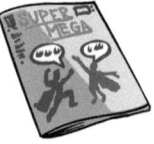

комікс

jalnii

лего цеглинки

tuufeeje lego

блоки

kaaÿe maadi

іграшкова фігурка

pijirgel suka

повзунки

wutte suka

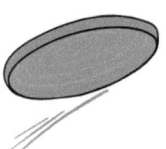

фризбі

mbiifu

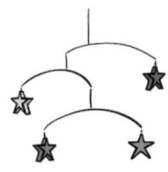

мобіле

noddirgel

настільна гра

fijirde alluwal

кубик

dee

модель залізнична станція

tereŋ jahiroowo batiri

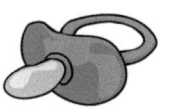

соска

ɗaayɗo

вечірка

hiirde

книжка з картинками

deftere natte

м'яч

bal

лялька

puppe

грати

fij

пісочниця

ngaska leydi

гойдалка

yirlude

іграшка

pijirɗe

гральна консоль

fijirde widoo peley

триколісний велосипед

biifi tati

плюшевий мішка

uluundu pijirgel

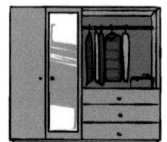

шафа

woliis

одяг

boornogol

шкарпетки

kawaseeje

панчохи

baardinirɗi

колготки

dogirɗi

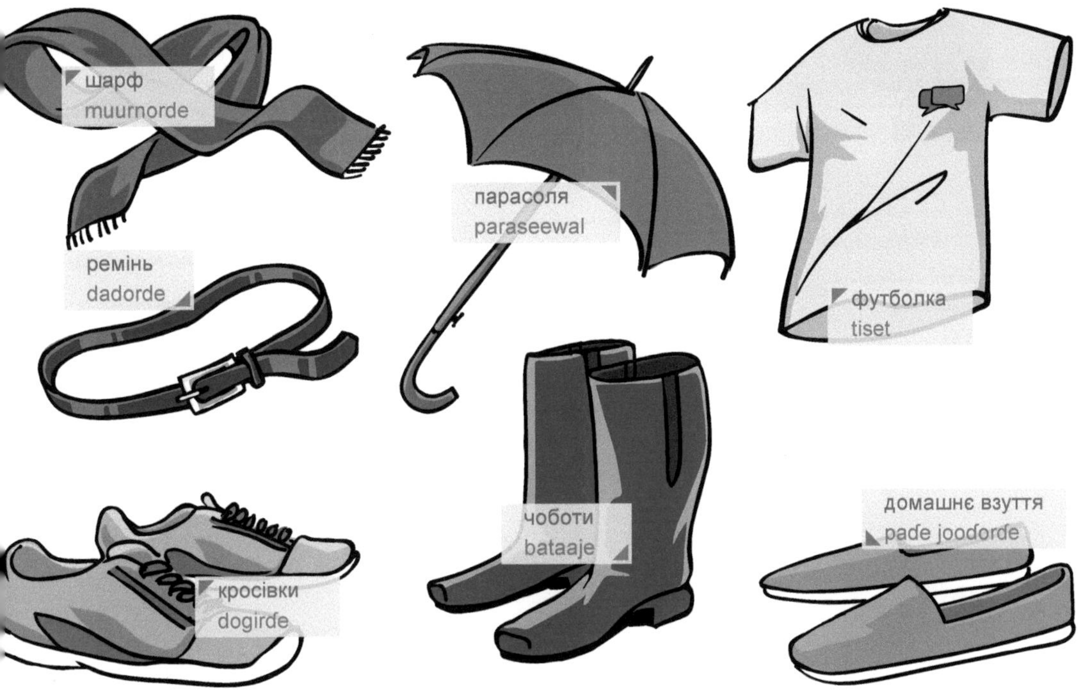

шарф
muurnorde

ремінь
dadorde

парасоля
paraseewal

футболка
tiset

чоботи
bataaje

домашнє взуття
paɗe joodorde

кросівки
dogirɗe

сандалі
caraax

взуття
paɗe

гумові чоботи
bataaje dalli

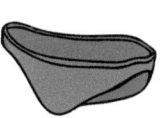

труси
cakkirɗi

бюстгальтер
site ŋoos

нижня сорочка
weste

боді

bandu

штани

tuuba

джинси

jiin

спідниця

sippu

блузка

buluus

сорочка

wuttel

пуловер

piliweer

светр

njallaaba

піджак

balaseer suka

куртка

jakett

пальто

sabandoor

дощовик

wutte tobo

костюм

kossim

сукня

robbo

весільна сукня

wutte cuddungu

костюм

cakkirɗo

нічна сорочка

robbo baalduɗo

піжама

baaluɗi

сарі

sari

головна хустка

fiilorde

чалма

kaala

бурка

misoor

кафтан

haftan

абая

abaaye

купальник

lumborɗo

плавки

leɗɗe

шорти

kilooti

тренувальний костюм

dewirɗi

фартух

aparooŋ

рукавички

kawase

гудзик

nebbu

окуляри

lone

браслет

jawo

ланцюг

cakka

кільце

feggere

сережка

hootonde

шапка

laafa

плічка

jaggirgal sabandoor

капелюх

kufna

краватка

karwaat

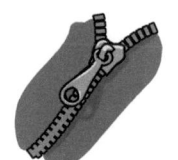

застібка-блискавка

korsude

шолом

tengaade

підтяжки

jawe

шкільна форма

wutte jaɲirɗo

уніформа

dadorɗo

одяг - boornogol

нагрудник

nappu suka

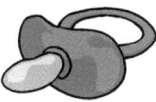

соска

ɗaayɗo

підгузок

fooftini

офіс
gollorde

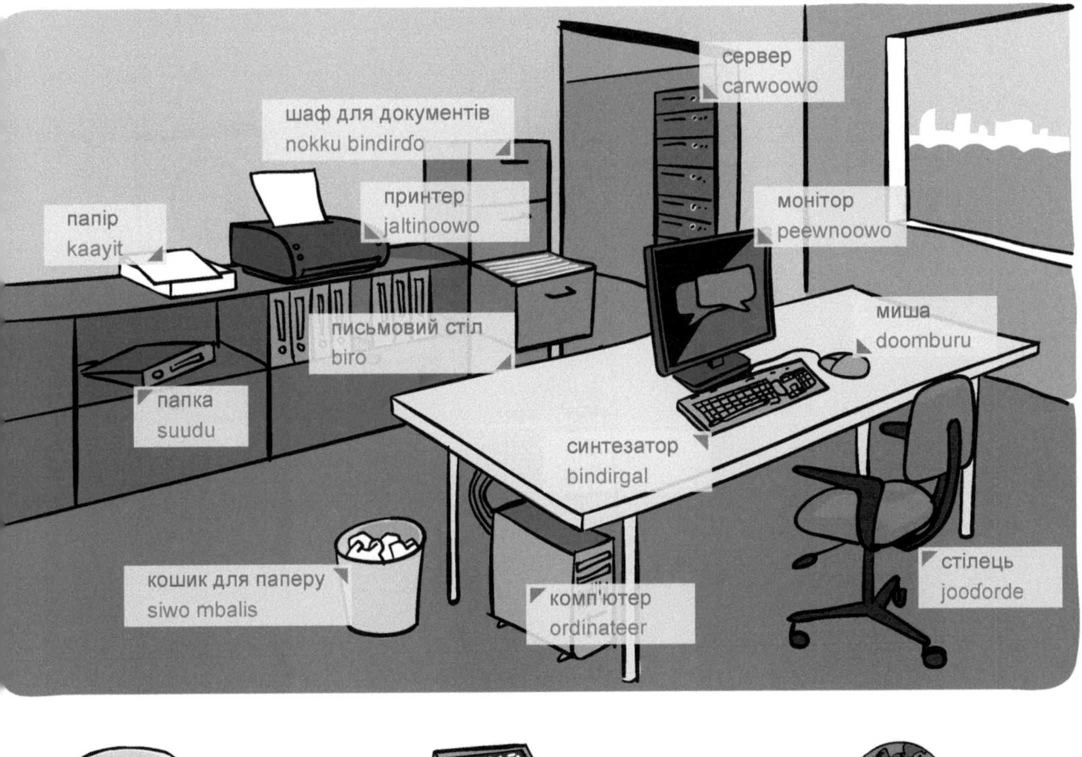

сервер
carwoowo

шаф для документів
nokku bindirɗo

принтер
jaltinoowo

монітор
peewnoowo

папір
kaayit

миша
doomburu

письмовий стіл
biro

папка
suudu

синтезатор
bindirgal

кошик для паперу
siwo mbalis

стілець
jooɗorde

комп'ютер
ordinateer

кавовий кухоль

koppu kafe

калькулятор

tongirde

інтернет

enternet

ноутбук

ordinateer

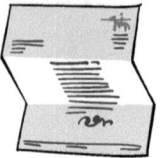

лист

bataake kaayit

повідомлення

bataake

мобільний телефон

noddirgel

мережа

jokkondiral

копіювальний пристрій

nandinoowo

програмне забезпечення

kuutorgel

телефон

noddirgel

розетка

piriis

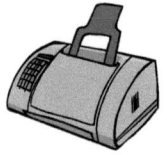

факс

masiŋ faksii

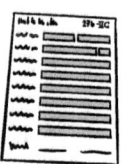

бланк

sifaa

документ

kaayit

купувати

sood

платити

yoƂ

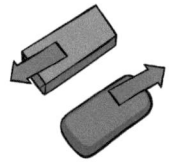

торгувати

yeey

гроші

kaalis

долар

dolaar

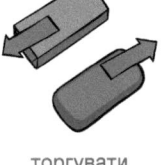

євро

oro

ієна

yeen

рубль

ruubal

франк

siiwis farayse

юанів женьміньбі

yuwaan renminbi

рупія

ruppii

банкомат

nokku ngalu

обмінний пункт

nokku beccirɗo

золото

kaŋe

срібло

kaalis

нафта

peteroŋ

енергія

doole

ціна

coggu

контракт

jokkondiral

податок

lempo

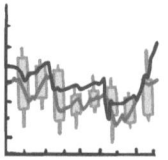

акція

jeyii

працювати

liggo

працівник

liggotooɗo

роботодавець

ligginoowo

фабрика

isin

магазин

yeeyirde

професії
golle

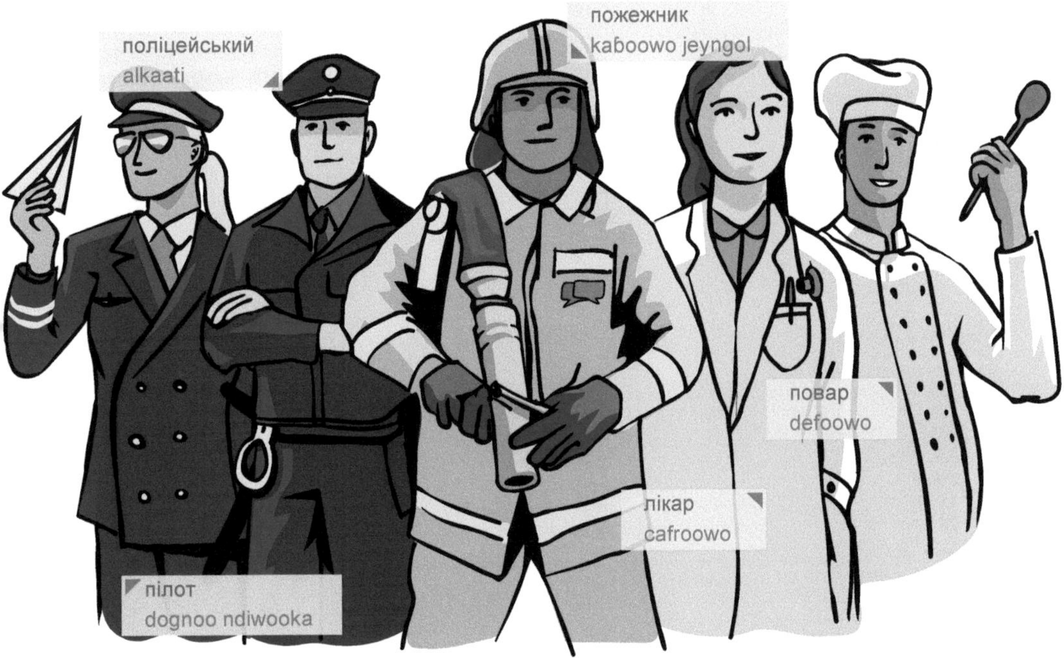
пожежник
kaɓoowo jeyngol
поліцейський
alkaati
повар
defoowo
лікар
cafroowo
пілот
dognoo ndiwooka

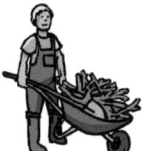

садівник

mooftoowo

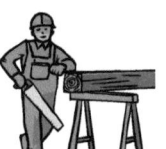

столяр

meniise

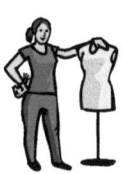

швачка

gawoowo debbo

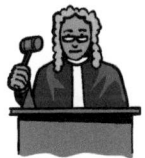

суддя

ñaawoowo

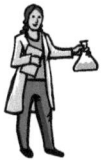

хімік

simiyanke

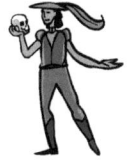

актор

aktoor

водій автобуса

diirnoowo biis

таксист

diirnoowo taksi

рибалка

gawoowo

прибиральниця

debbo pittoowo

покрівельник

biloowo

офіціант

carwoowo

мисливець

baañoowo

художник

diidoowo

пекар

piyoo mburu

електрик

peewnoo jeyngol

будівельник

mahoowo

інженер

eseñoor

забійник

buusee

бляхар

polombiyee

листоноша

neddo posto

солдат

soldaat

архітектор

arsitekte

касир

ngaluyanke

флорист

ledɗeyanke

перукар

mooroowo

кондуктор

diirnoowo

механік

peenoowo jamɗe

капітан

gardiiɗo

дантист

safroowo ñiiÿe

вчений

gando

рабин

babbiin

імам

almaami

монах

muwaan

пастор

neɗɗo alla

інструменти

kuutorɗe

молоток
maartoo
щипці
kofooje
викрутка
tuurnawiis
гайковий ключ
tayoowo
кишеньковий ліх
torsoo

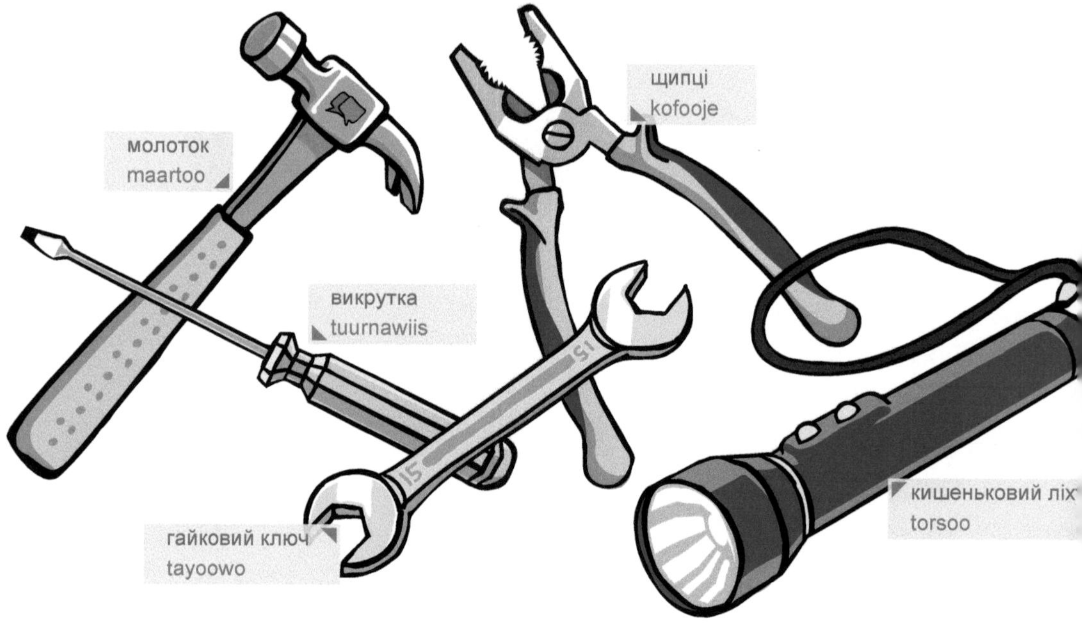

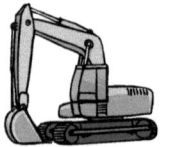

екскаватор

ngasirdi

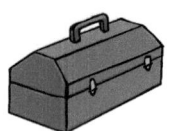

ящик для інструментів

suudu kuutorɗe

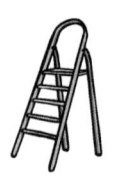

драбина

seel

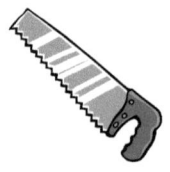

пилка

siiy

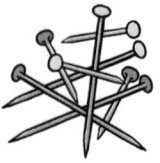

цвяхи

pontooje

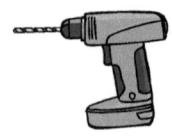

свердло

yuwirde

ремонтувати
feewnit

лопата
nokkirde

лайно!
sooot

совок
peel

відро з фарбою
pot diidirɗo

гвинти
wiisuuji

музичні інструменти
pijirɗe

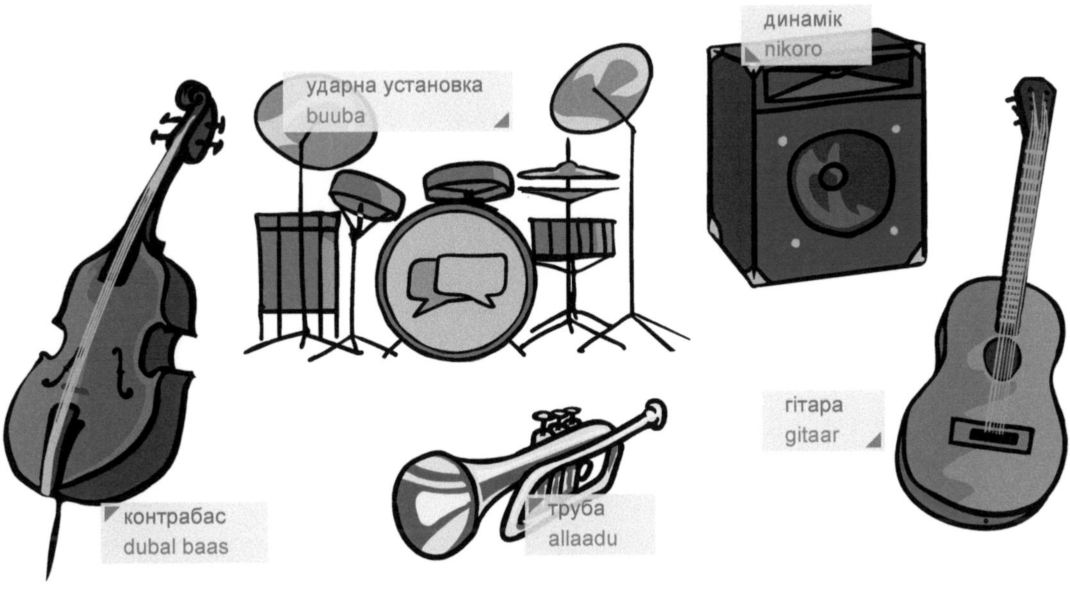

динамік
nikoro

ударна установка
buuba

гітара
gitaar

контрабас
dubal baas

труба
allaadu

фортепіано

piyaano

скрипка

ñaañooru

бас

baas

литаври

timpaan

барабан

bawɗi

клавіатура

bindirgal

саксофон

saksofooŋ

флейта

coolumbel

мікрофон

haaldude

зоопарк
nehirde kulle

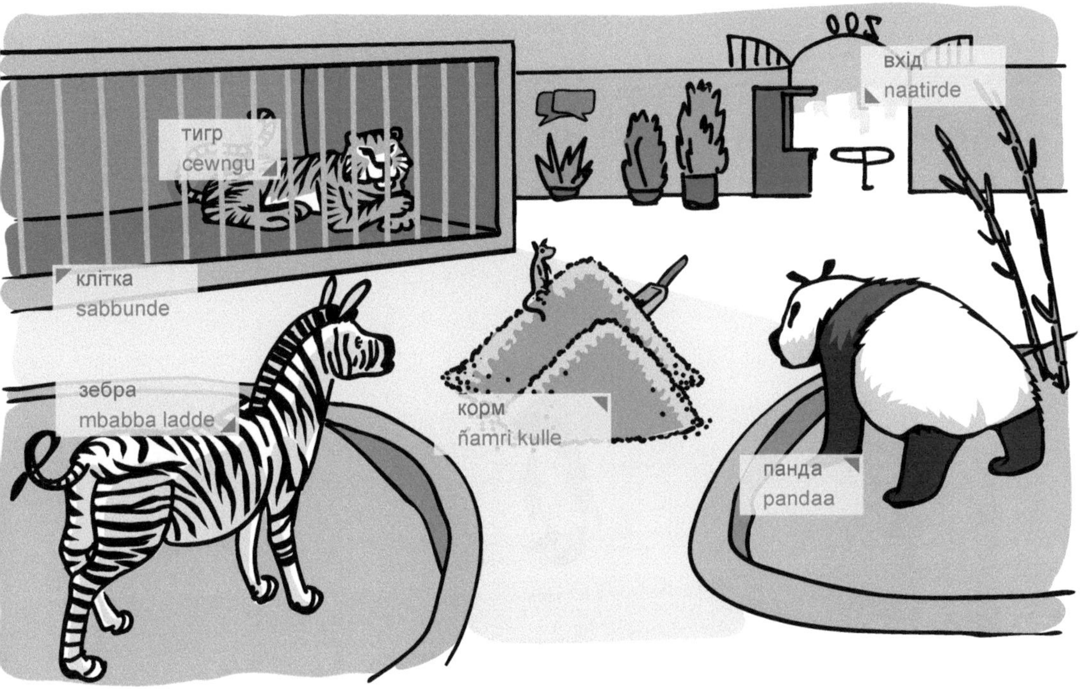
вхід
naatirde
тигр
cewngu
клітка
sabbunde
зебра
mbabba ladde
корм
ñamri kulle
панда
pandaa

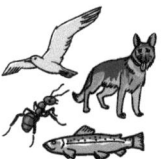

тварини

kulle

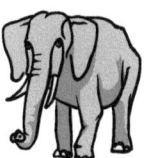

слон

ñiiwa

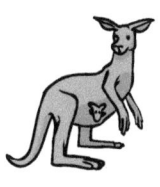

кенгуру

kanguruu

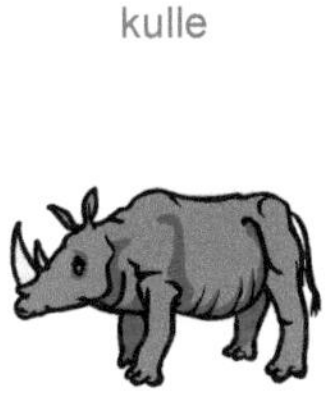

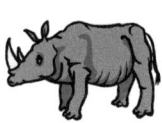

носоріг

liwoongu

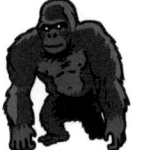

горила

waandu

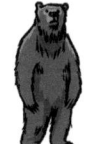

ведмідь

fowru

верблюд

ngelooba

страус

jaawagal

лев

mbaroodi

мавпа

golo

фламінго

ñaarpural

папуга

seku

білий ведмідь

fowru nees

пінгвін

peŋwee

акула

reke

павич

ngoriyal

змія

mboddi

крокодил

nooro

працівник зоопарку

deenoowo kulle

тюлень

liingu

ягуар

cewngu

поні

molel puccu

леопард

cewlu

гіпопотам

ngabu

жираф

ñamala

орел

ciilal

кабан

fowru

риба

liingu

черепаха

heende

морж

morsee

лисиця

daga

газель

lella

американський футбол
fugu koyngel Amarik

їзда на велосипеді
welo

теніс
teniis

баскетбол
basket

плавання
lumbaade

хокей
okey e galaas

бокс
bokse

футбол

fugu koyngel

бадмінтон

badminton

легка атлетика

dogduuji

гандбол

fugu jungo

лижні перегони

eskiiy

поло

polo

стрибати
diw

обіймати
uurno

сміятися
jal

йти
yah

співати
yim

мріяти
hoyɗu

молитися
juul

цілувати
ɓuuco

писати

windu

малювати

diid

показувати

hollu

тиснути

duň

давати

rokku

брати

naw

мати

jogo

робити

waḋ

бути

won

стояти

daro

бігати

dog

тягнути

ittu

кидати

weddo

падати

yan

лежати

fen

очікувати

fad

носити

naw

сидіти

jooḋo

одягати

ɓoorno

спати

ḋaano

просипатися

finn

дивитися

ndaar

плакати

woy

гладити

fiiy

розчісувати

koomu

розмовляти

haal

розуміти

faam

питати

naamdo

слухати

hetto

пити

yar

їсти

ñaam

прибирати

habbu

любити

yiɗ

варити

def

їхати

diirnu

літати

diw

йти під вітрилом

awyu

рахувати

lim

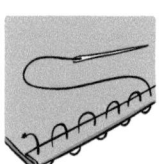

читати

jangu

вчитися

jangu

працювати

liggo

одружуватися

res

шити

aaw

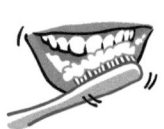

чистити зуби

boris ñiiÿe

убивати

war

курити

simmo

посилати

neldu

сім'я

ɓesngu

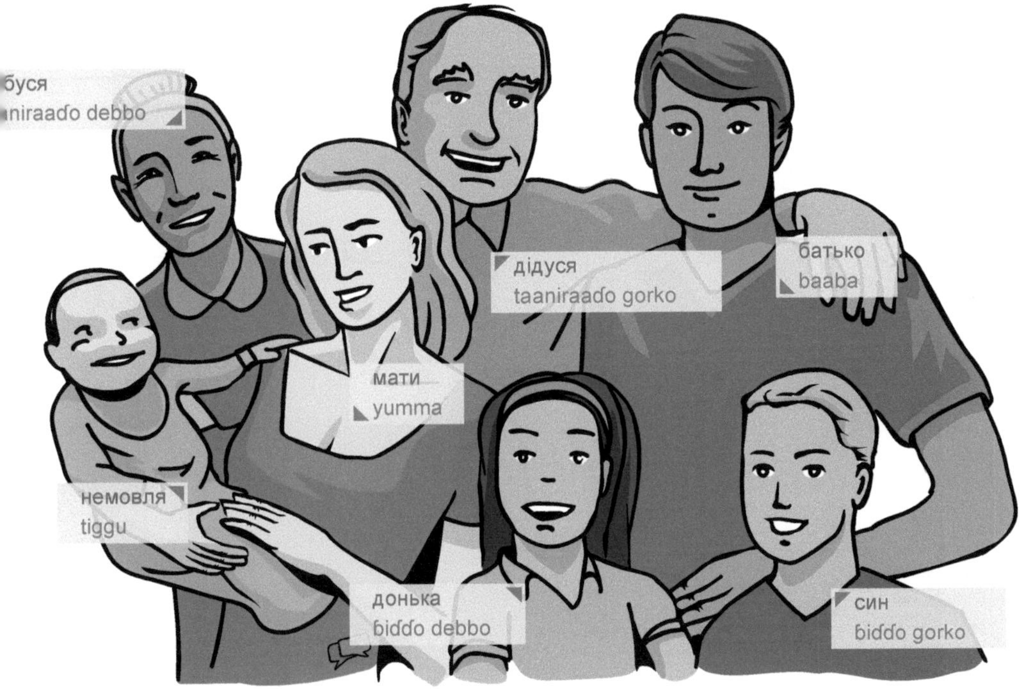

буся
niraaɗo debbo
дідуся
taaniraaɗo gorko
батько
baaba
мати
yumma
немовля
tiggu
донька
ɓiɗɗo debbo
син
ɓiɗɗo gorko

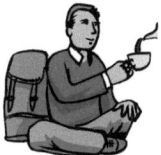

гість

koɗo

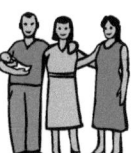

тітка

gogo

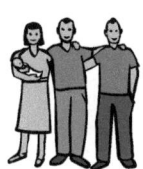

дядько

kaawiraaɗo

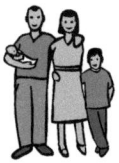

брат

mawniraaɗo gorko

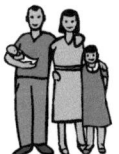

сестра

mawniraaɗo debbo

тіло

ɓandu

чоло
tiinde
око
yitere
плече
walabo
палець
feɗeendu
обличчя
yeeso
підборіддя
waare
кисть
jungo
груди
endu
нога
korlal
рука
jungo

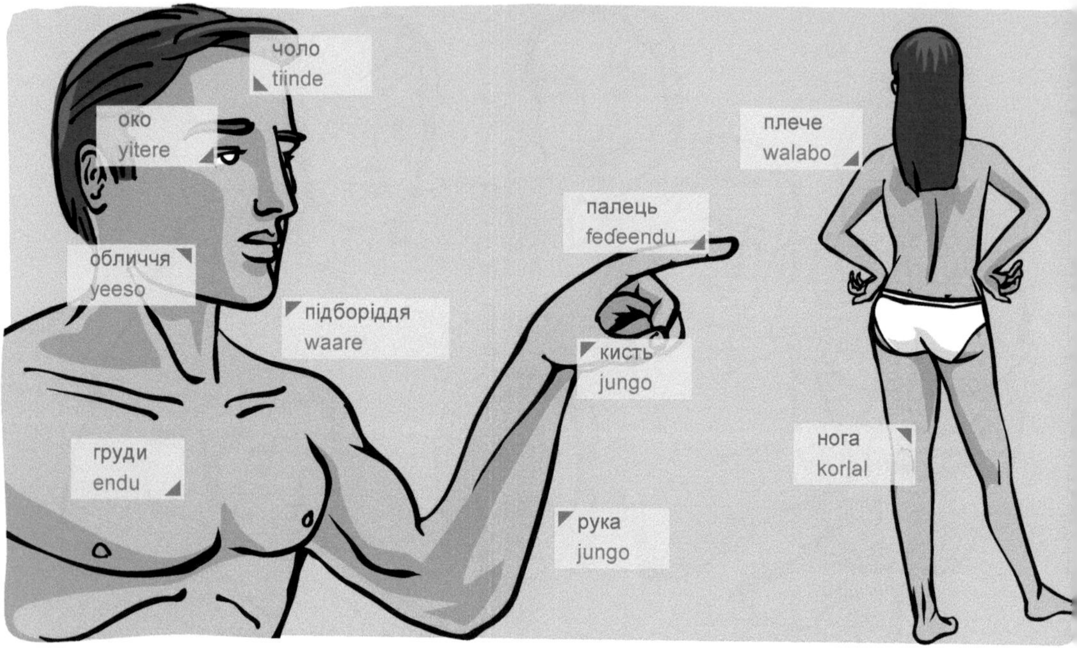

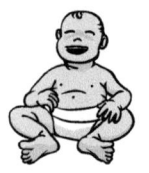

немовля

tiggu

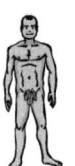

чоловік

gorko

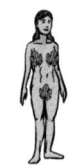

жінка

debbo

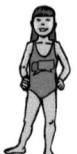

дівчина

debbo

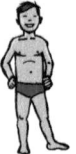

хлопчик

gorko

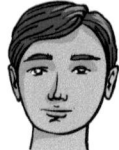

голова

hoore

спина

keeci

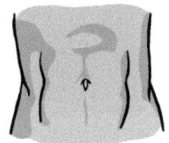

живіт

reedu

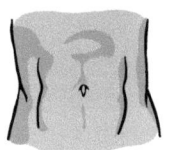

пуп

wudduru

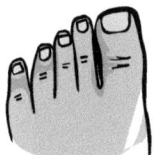

палець ноги

feɗeendu

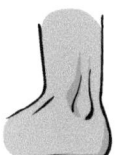

п'ята

njaabordi

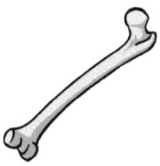

кістка

ÿiyal

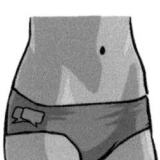

стегно

buhal

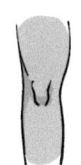

коліно

hofru

лікоть

fooŋturu

ніс

hinere

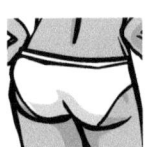

сідниці

gaɗa

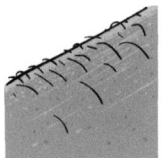

шкіра

nguru

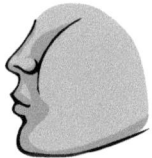

щока

abbuko

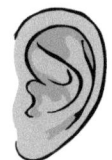

вухо

nofru

губа

tondu

рот

hunuko

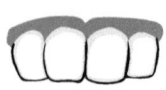

зуб

ñiire

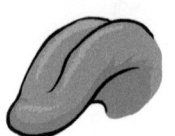

язик

ɗemngal

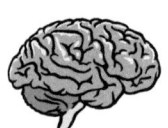

мозок

ngaandi

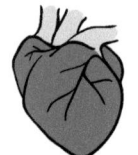

серце

ɓernde

м'яз

ŷiye

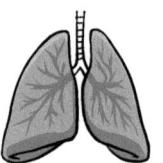

легені

jofe

печінка

heeñere

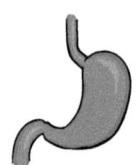

шлунок

kuuse

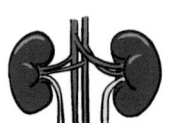

нирки

booŷe

статевий акт

leldaade

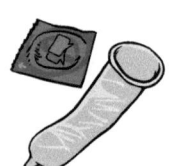

презерватив

kawasal

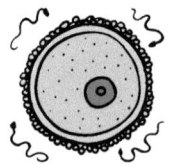

яйцеклітина

ɓoccoonde

сперма

maniiyu

вагітність

cowagol

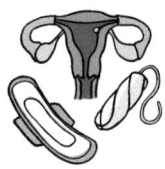

менструація
....
ella

вагіна
....
kottu

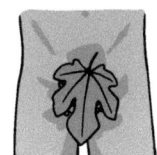

пеніс
....
soolde

брова
....
leebol yitere

волосся
....
sukundu

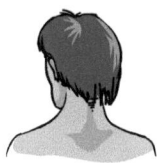

шия
....
daande

лікарня

safrirdu

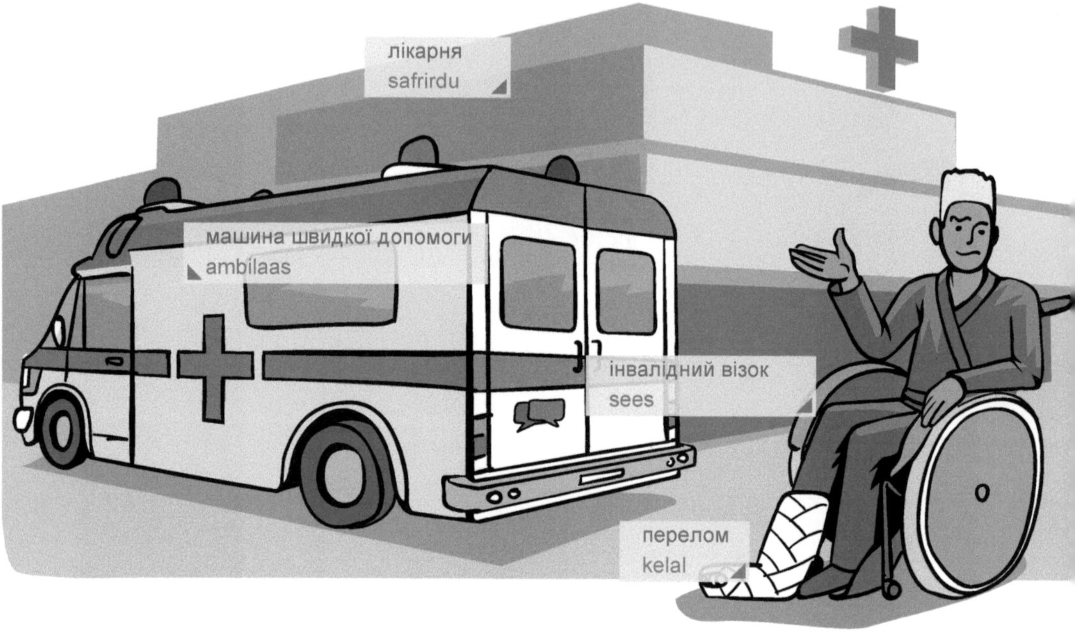

лікарня
safrirdu
машина швидкої допомоги
ambilaas
інвалідний візок
sees
перелом
kelal

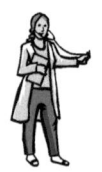

лікар

cafroowo

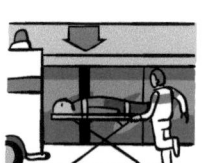

відділення швидкої медичної допомоги

suudu heñaare

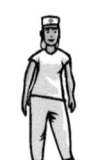

медсестра

debbo cafroowo

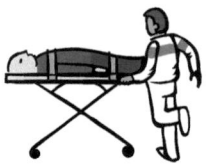

аварійний випадок

heñorde

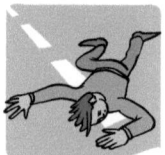

непритомний

wondaane hakkile

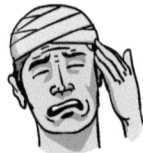

біль

muuseeki

травма

gaañande

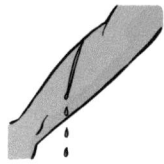

кровотеча

tuɗɗe ÿiiÿam

інфаркт

muuseeki ɓernde

інсульт

piigol

алергія

nefo

кашель

ɗojjude

лихоманка

ɓandu wulooru

грип

pali

пронос

ndogu reedu

головна біль

hoore muusoore

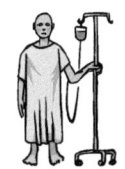

рак

kaaseer

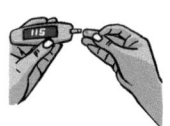

діабет

jabett

хірург

oppiroowo

скальпель

jaggirdi

операція

oppeere

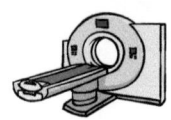

КТ

CT

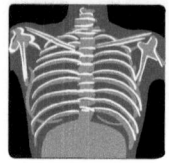

рентген

buuɗi x

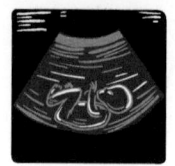

ультразвук

iltarasooŋ

маска

huurirdu yeeso

хвороба

rafi

зал очікування

heblorde

милиця

beeke

пластир

tabak

пов'язка

bandaas

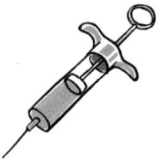

ін'єкція

pinggu

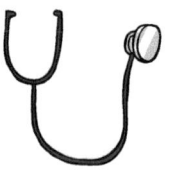

стетоскоп

estetoskop

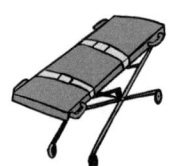

ноші

pooɗoowo

термометр

termomeeter safrirdu

народження

jibinande

надмірна вага

buttiɗgol

слуховий апарат

ballal nanirɗe

дезінфікуючий засіб

labbinoowo

інфекція

raabo

вірус

wiriis

ВІЛ / СНІД

SIDAA

медицина

lekki

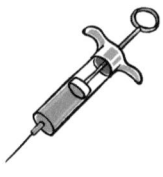

вакцинація

ñakko

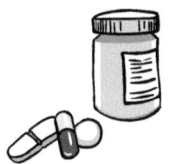

таблетки

poɗɗe

протизаплідна пігулка

foɗɗere

екстрений виклик

noddaango heñiingo

тонометр

ÿeewtorde yaadu ÿiiyam

хворий / здоровий

faawŋi / selli

Допоможіть!

Ballal

напад

njangu

сигнал тривоги

pindinoowo

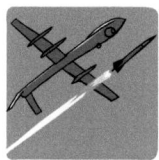

атака

raaŋande

небезпека

boomre

аварійний вихід

yaltirde yaawnde

Вогонь!

Jeyngol

аварія

aksida

вогнегасник

ñifoowo jeyngol

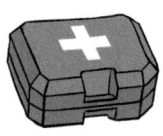

аптечка

saawdu safaara gadano

СОС

SOS

поліція

poliis

Європа

Orop

Північна Америка

Amarik Rewo

Південна Америка

Amarik Worgo

Африка

Afirik

Азія

Aasi

Австралія

Ostaraali

Атлантика

Atalantik

Тихий океан

Pasifik

Індійський океан

Maayo Endo

Антарктичний океан

Maayo Antarkatik

Північний Льодовитий океан

Maayo Arkatik

Північний полюс

Baŋe Rewo

Південний полюс

Baɲe Worgo

Антарктика

Antarkatik

Земля

Leydi

суша

leydi

море

maayo

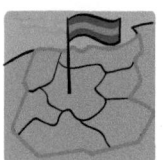

острів

siire

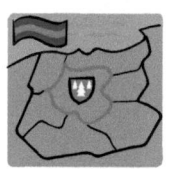

нація

wuro

держава

laamu

циферблат

yeeso waktu

годинникова стрілка

jungo waktu

хвилинна стрілка

jungo hojoma

секундна стрілка

jungo majaango

Котра година?

hol waktu?

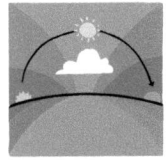

день

ñalawma

час

saha

зараз

jooni

цифровий годинник

mantoor nattoowo

хвилина

hojoma

година

waktu

yontere

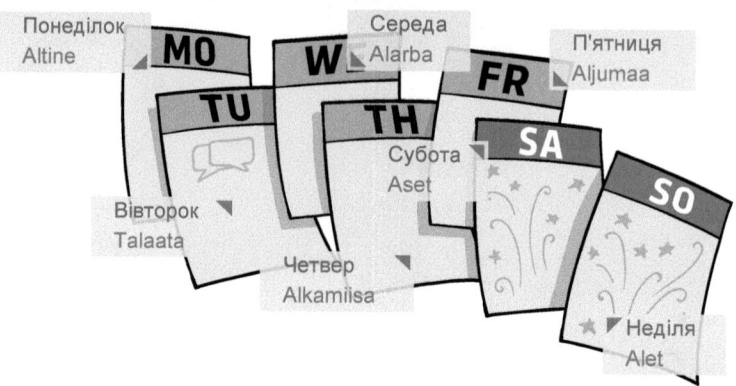

Понеділок
Altine

Середа
Alarba

П'ятниця
Aljumaa

Вівторок
Talaata

Субота
Aset

Четвер
Alkamiisa

Неділя
Alet

вчора

hanki

сьогодні

hande

завтра

jango

ранок

subaka

опівдні

ñalawma

вечір

kikiiɗe

робочі дні

biir

кінець робочого тижня

ñalɗi

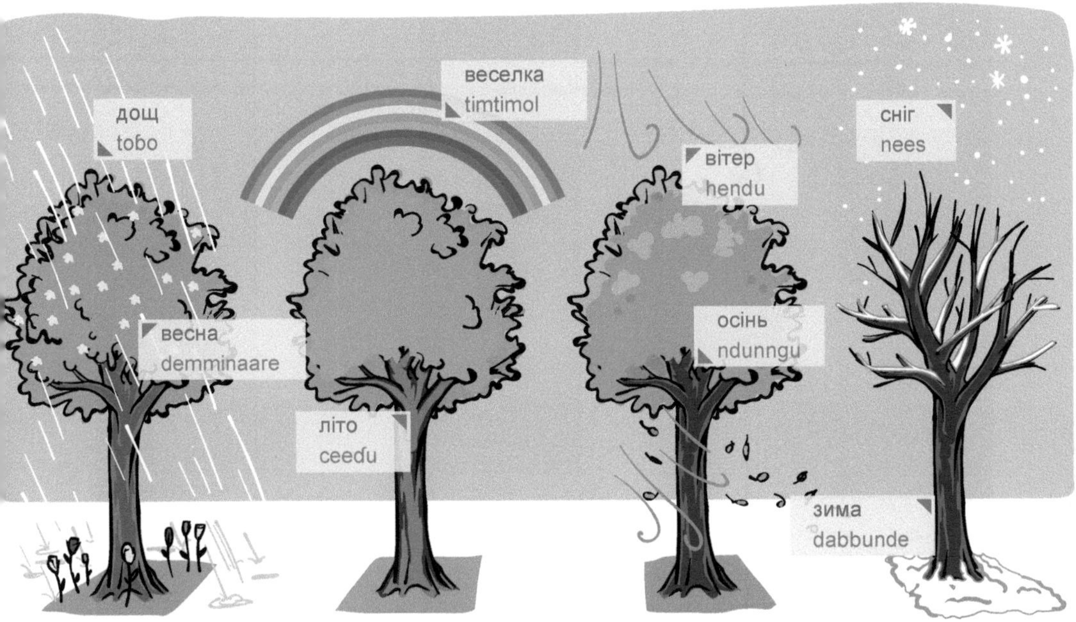

весёлка
timtimol

дощ
tobo

сніг
nees

вітер
hendu

весна
demminaare

осінь
ndunngu

літо
ceeɗu

зима
dabbunde

4.APRIL	11°	☀
5.APRIL	4°	🌧
6.APRIL	13°	⛈
7.APRIL	8°	❄
8.APRIL	10°	☀

прогноз погоди

kabaaru weeyo

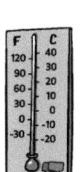

термометр

termomeeter

сонячне світло

naaŋini

хмара

ruulde

туман

cuurki

вологість повітря

uddeende

блискавка

majje

грім

gidaango

шторм

hendu

град

huɗɗini

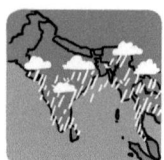

мусон

ruulɗini

повінь

waame

лід

nees

Січень

Siilo

Лютий

Colte

Березень

Mbooy

Квітень

Seeɗto

Травень

Duuyal

Червень

Korse

Липень

Morse

Серпень

Juko

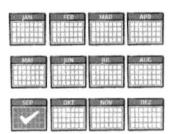

Вересень

Siilto

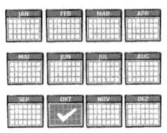

Жовтень

Yarkoma

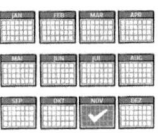

Листопад

Jolal

Грудень

Bowte

форми
ƃalli

круг

taarto

квадрат

yaajeendi

прямокутник

yaajo

трикутник

saraandi

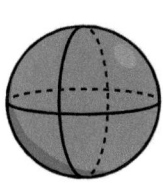

куля

mbiifu

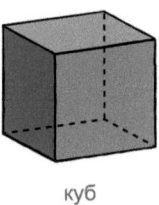

куб

kiibb

білий

daneejo

жовтий

oolo

помаранчевий

oraas

рожевий

roos

червоний

boɗeejo

фіолетовий

mboongu

синій

bulaajo

зелений

werte

коричневий

cooyo

сірий

puro

чорний

ɓaleejo

багато / мало

heewi / seeɗa

лютий / мирний

seki / deeyi

гарний / бридкий

yooɗi / soofi

початок / кінець

fuuɗorde / gasirde

великий / малий

mawɗo / tokooso

світлий / темний

leeri / niɓɓiɗi

брат / сестра

maniraaɗo / miñiraaɗo

чистий / брудний

laaɓi / tunwi

завершений / незавершений

timmi / manki

день / ніч

ñalawma / jamma

мертвий / живий

maayi / wuuri

широкий / вузький

yaaji / faaɗi

їстівний / неїстівний

nano / nanotaako

злий / дружній

boni / moŷŷi

збуджений / нудьгуючий

softi / yoomi

товстий / тонкий

ɓuttiɗi / sewi

спочатку / востаннє

adi / wattindi

друг / ворог

sehil / gaño

повний / порожній

heewi / ɓolɗi

жорсткий / м'який

muusi / weeɓi

важкий / легкий

teddi / hoyi

голод / спрага

heege / ɗomka

хворий / здоровий

faawɲi / selli

незаконний / законний

wona laawol / laawol

розумний / дурний

feerti / muddiɗi

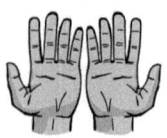

вліво / вправо

nano / ñaamo

поруч / далеко

ɓatti / woɗɗi

новий / використаний

keso / kiiɗɗo

нічого / щось

ndiga / huunde

старий / молодий

nayeejo / suka

вкл / викл

huɓɓi / ñifii

відкрито / закрито

uditi / uddii

тихо / гучно

deeÿi / dille

багатий / бідний

alɗi / waasi

правильно / неправильно

goonga / fenaande

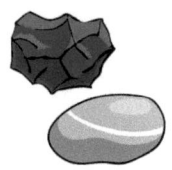

шорсткий / гладкий

tiiɗi / nooyi

сумний / щасливий

metti / weli

короткий / довгий

raɓɓiɗi / juuti

повільно / швидко

leeli / yaawi

вологий / сухий

leppi / yoori

гарячий / холодний

wuli / ɓuuɓi

війна / мир

hare / jam

0

нуль

ndiga

1

один

gooto

2

два

ɗiɗi

3

три

tati

4

чотири

nay

5

п'ять

joy

6

шість

jeegom

7

сім

jeeɗiɗi

8

вісім

jeetati

9

дев'ять

jeenay

10

десять

sappo

11

одинадцять

sappoy goo

12

дванадцять

sappoy điđi

13

тринадцять

sappoy tati

14

чотирнадцять

sappoy ŋay

15

п'ятнадцять

sappoy joy

16

шістнадцять

sappoy jeegom

17

сімнадцять

sappoy jeeđiđi

18

вісімнадцять

sappoy jeetati

19

дев'ятнадцять

sappoy jeeŋay

20

двадцять

noogaas

100

сто

teemedere

1.000

тисяча

ujunere

1.000.000

мільйон

miliyooŋ

англійська

Aŋale

американська англійська

Aŋale Amarik

китайська
високочиновницька

Mandare Siinaaɓe

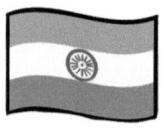

хінді

Hindi

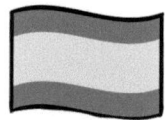

іспанська

Españool

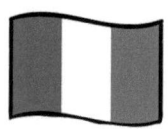

французька

Farayse

арабська

Arab

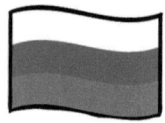

російська

Riis

португальська

Portigees

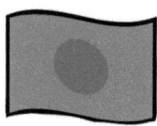

бенгальська

Bengali

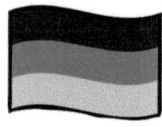

німецька

Almaa

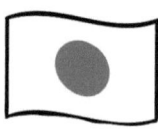

японська

Sapponee

я

miin

ти

an

♂ ♀ ○

він / вона / воно

kanko / kanko / kanum

ми

minen

ви

onon

вони

kamɓe

хто?

holoon?

що?

holɗuum?

як?

holnoon?

де?

holtoon?

коли?

mande?

HELLO, I AM

ім'я

inde

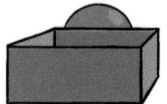

ззаду

caggal

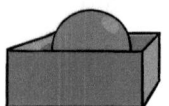

в

nder

перед

sawndo

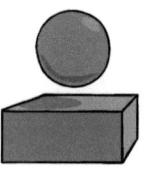

над

dow

на

e

під

les

біля

sara

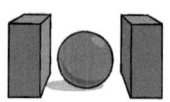

між

hakkunde

місце

nokku